生涯現役宣言!!

シニア世代が日本を変える

有賀富子 著

カナリアコミュニケーションズ

はじめに

長寿国ニッポン、団塊の世代が定年を迎え、世界のどの国も経験することのないスピードで超高齢社会がやってきました。少子高齢社会、労働人口の減少は日本経済の衰退を招くばかりでなく、年金・医療・福祉など社会保障の財政負担が国や現役世代に重くのしかかってきているのが現状です。

また、日本は世界トップクラスの長寿国でありながら、平均寿命から健康寿命を差し引いた、いわゆる介護を必要とする期間は、男性が9・79年、女性が12・93年（いずれも厚生労働省「平成28年簡易生命表の概況」より）と長く、多くのお年寄りは結局は長期間寝たきり状態となり、家族や社会に厄介をかけてしまうという負の想いを抱きながら最期を迎えるという人生を余儀なくされております。

はじめに

私は長年にわたり、在宅の訪問介護に携わってまいりましたが、このままでは大好きな日本や私の子供たちの家族までダメになってしまう、そればかりか、シニア世代となった私自身も、寝たきりで辛い老後を過ごさないとも限りません。

そんなこれからのシニア世代にとっても避けては通れない問題を何とか解決する手立てはないかと私は考えました。その結果、生み出したのが「生涯現役宣言!!」という考え方です。

死ぬ間際までできるだけ長く働き、できればなんらかの収入を得て、寝込むことなくピンピンコロリと逝く……。

一人でも多くのお年寄りが「生涯現役人生」を貫く覚悟を決め、まわりに迷惑をかけることなく元気に明るく、そして楽しみながらみんなで一緒に過ごしていきたい。そんな生涯現役を貫く仲間が増えていけば、きっと日本も元気に生まれ変わるはずです。

この「生涯現役宣言!!」の考え方を具体的に進めていくため、私は2年半前に「一般社団法人 ありがとう」という非営利団体を設立しました。そして、昨年5月にはこの活動の第一弾となる、シニア世代への応援歌ともいえるメッセージソング「生涯現役宣言!!」のCDを発売し、この歌の振り付け・ダンスを考案しました。

「生涯現役宣言!!」の想いとともに、その歌とダンスも収録した本書を一人でも多くの方に読んでいただき、全国に明るく前向きなシニアの輪が広がっていくことを心から願っております。

2018年7月吉日

一般社団法人 ありがとう　代表 有賀富子

目次

その他　128

1章　生涯現役宣言!!

どこの国よりも先に少子高齢社会がやってきた

介護の仕事との出合い

私は徳島で生まれ地元の高校を卒業すると、すぐに東京に出ていきました。そして専門学校を出てそのまま就職、結婚をしたのですが、離婚とともに再び徳島に戻って暮らすことになりました。母子家庭となり、とにかく働かなければいけない状況の中でも、自分が納得できる仕事を見つけようと、いくつかの職を経験していきました。

ただ、人のために、人が喜んでくれる何か商売をしたいという気持ちが漠然とあって、自分で事業を興すということも何度かありました。コンパニオンの派遣会社やシルバーの人材派遣業などがそうです。いずれも、軌道に乗るまでには至りませんでしたが、そこそこの実績を残すことができました。現在の私の仕事である、介護の仕事に携わるようになったのが10年前のことです。いろいろ仕事を経験してきましたが、何より介護事業はこれからの仕事だというところに魅力を感じました。

そして、8年前に訪問介護の事業所（有限会社ハートフル・ファミリー）をスタートさせましたが、立ち上げの費用もそれほどかからなかったので、資金力のない私でも比較的容易に始めることができました。

ただ、当初、私が介護の仕事を好きだったかというと、そうでもなかったのです。正直なところ、お年寄りのお世話をするという仕事にそれほど魅力を感じていたわけではありませんでした。

しかし、実際、この仕事をしていると、あくまでも仕事上のお付き合いとはいえ、自分と利用者さんとの〝縁〟を感じないわけにはいきません。徳島のこのエリアだけでもたくさんある事業所の中で、この事業所を選んでいただき、私やヘルパーさんたちと出会っていただくことだけでもありがたく、縁を感じます。そして、そのつながりが日ごと深まっていけば気心もわかり、やがてお互いのことを思いやる間柄になります。お世話する人と、される人、私にとって本当に大切な人たちであると実感するようになりました。現在、事業所にはヘルパーさんを中心に12人のスタッフが利用者さんの日々の暮らしがより豊かに元気になるようお手伝いしており、利用者さんはもちろん、スタッフまで、当事業所に関係するすべての人が、「お世話になって本当によかった」と言ってもらえる事業所にしていくよう努力しています。

介護の現場から見えてきたもの

少子高齢化が進む日本。団塊の世代が定年を迎え、65歳以上の高齢者となる平成24（２０１２）年から一気に労働人口が減少し、経済大国日本の

●わが国の人口の推移

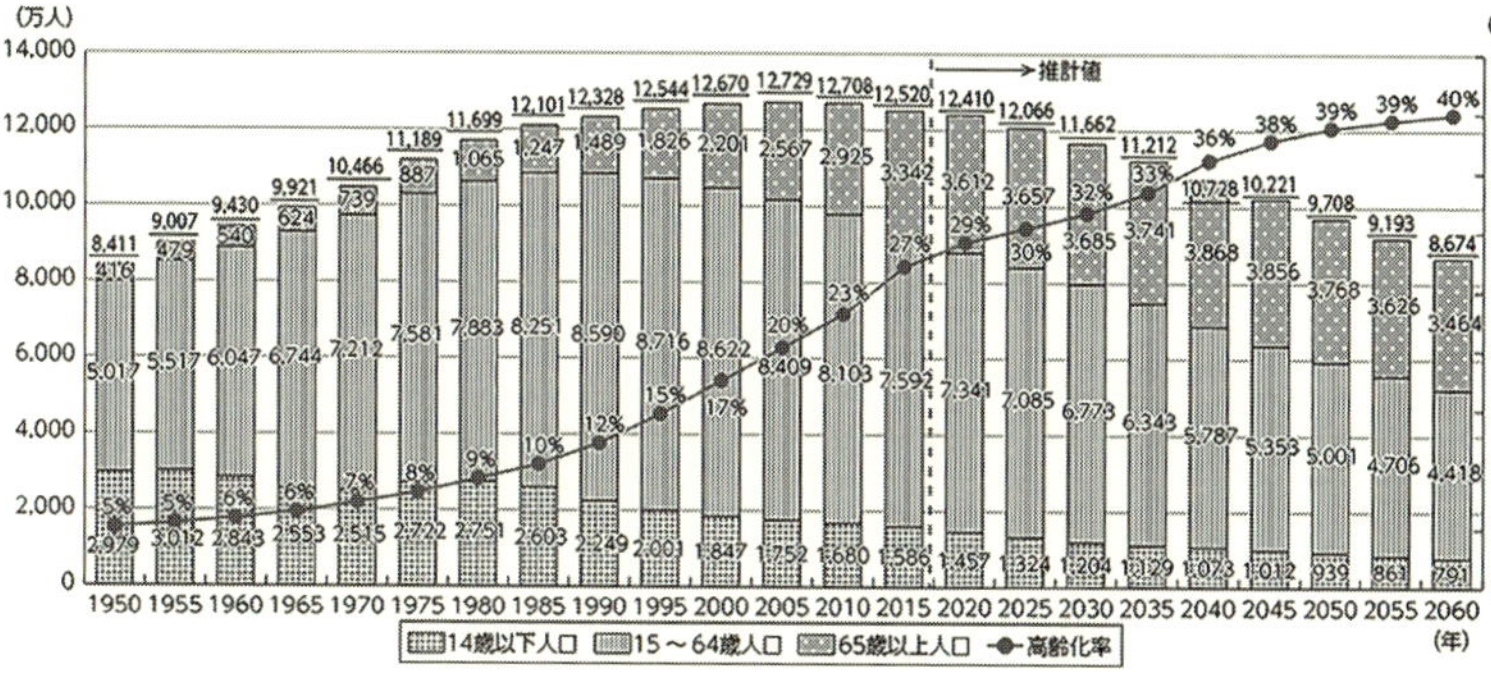

出典：総務省ホームページ　少子高齢化の進行と人口減少社会の到来より

衰退を招くばかりか、年金、介護、医療、福祉など社会保障への財政負担の増加が、国や現役世代の上に重くのしかかっています。このままだと、日本はダメになってしまうのではないか。そんな心配を必要以上に煽るマスコミも多くなってきたのではないでしょうか。

　私は、介護という仕事を通じ、少子高齢化による年金や介護の問題など日本が抱える問題を実感していきました。特に、医療・介護サービスを湯水のごとく使ってしまう現状や、その中で寝たきりで、希望もなく過ごさざるを得ないお年寄りたち。そういった様々な問題点が見えてきたのです。そして、これまでは、ただ仕方ないと思ってきたことが、お年寄りとそのご家族が身近になるに連れて、気になり始め何とかしたいと思うようになりました。

なかなか死ねない問題

私が介護させていただいた方の中に、99歳で亡くなられた男性の方がおられました。連れ合いのおばあちゃんもご健在で本当に元気な方でした。この方がベッド生活になると、その日お世話をして私たちスタッフが帰ろうとすると、必ず最期のお別れの挨拶をしてくれる方だったのです。「お世話になったねえ。ほなねぇ――」という感じで、まだ、その頃はお一人でトイレに行ける状態でした。

ところがその方がベッドから落下してしまい、意識不明のまま救急車で病院に運ばれたのです。数か月たってケロッとしてご自宅に帰ってこられたものの、まったくの寝たきりになってしまったのです。その後ずっと意識はしっかりしておられましたが、あれほど気持ちでもお元気だった方が、ある日私に「なんで、あの時救急車を呼んだりしたんや。放っといてくれたらそのまま逝けたのに……」と漏らしたのを覚えています。

誰も寝たきりになどなりたいと思っているわけではなく、そうなってしまったらいかに辛い思いをするか、長年介護の仕事でお年寄りをお世話してきた私にとっても、改めて寝たきりのお年寄りのお気持ちを思うと、いたたまれない気持ちになりました。

「厚生白書」（平成8年版）などからの一般的な推計によれば、寝たきりのお年寄り人数は平成12（2000）年に120万人、平成22（2010）年に170万人となり、平成37（2025）年には230万人に達するといわれています。

何とか寝たきりのお年寄りを減らすにはどうすればいいのか。また、寝たきりになっても辛い思いをすることなく、お年寄りが前向きに明るく過ごせる方法はないものかと切実に考えるようになっていきました。

このままでは日本はダメになる

●1・3人で一人の高齢者を支える社会

65歳以上の高齢者人口が総人口に占める割合を高齢化率といいますが、わが国の高齢化率をみると、昭和60（1985）年に10％だったものが、平成27（2015）年には27％となり、世界に類を見ないくらいのスピードで高齢化が進んでいったことがわかります。さらに平成37（2025）年には30％と、わが国の高齢化はこの先も続くことが予想されています（13ページ「●わが国の人口の推移」参照）。

また、少子高齢化による現役負担もこの先さらに大きく膨らんでいきそうです。65歳以上の高齢者人口と15～64歳人口の比率をみてみますと、昭和25（1950）年には一人の高齢者に対して12・1人の現役世代（15～64歳）がいたのに対して、平成27（2015）年には高齢者一人に対して現役世代2・3人となり、大変な負担となっています。

今後、高齢化率は上昇を続け、現役世代の割合は低下し、平成72（2060）年には、一人の高齢者に対して、わずか1・3人の現役世代という比率になると予測されています。

現役世代が高齢者を支えることで成り立つ、わが国の年金や医療などの社会保障制度。このままでいくと、間違いなく破綻していくことは明らかです。

●600万人・10兆円の介護費用

介護に携わる者として、このようなことをいうと誤解を招くかもしれませんが、この際あえていわせていただきます。それは現行の制度では介護費用があまりにも高額になってきているということです。

私たち介護スタッフがよく耳にするのが、それぞれが支払う介護保険料の話です。「支払いは2か月に一回やけど、月にしたら、5千円から1万円も取られて大変や。1割やった負担がまた上がるそうやし……」とたくさん払っていると言いたいわけですが、いざ介護を受けるとなると、毎月多額の費用が国から出されているということをあまり気にしない人が多いんですね。

上の表は区分毎の介護サービス利用限度額を示していますが、例えば要介護1の場合は、1か月あたり約17万円までのサービスが受けられ、その1割（場合によっては2割・3

●区分毎の介護サービス利用限度額（1か月あたり）

要支援1	50,030円
要支援2	104,730円
要介護1	166,920円
要介護2	196,160円
要介護3	269,310円
要介護4	308,060円
要介護5	360,650円

※2018年3月現在
※利用限度額は地域などによって異なる場合がありますので、市区町村の窓口やケアマネジャーに確認をしてください。

割負担もある）を自己負担し残りは国から支払われます。要介護5の場合は36万円以上にもなり、いずれの場合も、利用限度額いっぱいまで利用することはないとしても、介護保険だけでも、トータルでは莫大な金額が国から支払われることになります。

厚生労働省の平成26（２０１４）年度の「介護保険事業状況報告」によりますと、要支援・要介護に認定されている人は、全国でついに６００万人を突破したそうです。そして、この年、介護保険サービスでかかった費用は、前年度から４０００億円余りも増え、10兆円近くにも膨らんだそうです。

10兆円といえば、アルゼンチンやギリシャなど一国の国家予算に匹敵するもので、将来的にこの介護制度を維持するだけでも至難の業と言えます。

●要介護認定者数

要支援 1	87 万人
要支援 2	84 万人
要介護 1	117 万人
要介護 2	106 万人
要介護 3	79 万人
要介護 4	73 万人
要介護 5	60 万人
合　計	606 万人

※厚生労働省 2014 年度
介護保険事業報告より

私が〝生涯現役宣言!!〟したわけ

マイナスのイメージがつきまとうシニア

現役世代が減っていく一方で、お年寄りばかりが増えていく現実。介護の仕事に携わるようになって、この先どうなるんだろうと、私は漠然とながらこの国の行く末を心配するようになっていきました。

年をとるということはどういうことなのか。人は誰でも年をとります。お年寄りになるということは決して悪いことなんかではなく、当たり前のことなのです。

ところが、体が動かなくなり、寝たきりになる。そして、仕事ができなくなり、生産活動ができなくなる。やがて介護されるようになると（人のお世話になるようになると）、悪いことをしているような気になってしまう。

お年寄りであるシニアの皆さんには、どうしてもこういったマイナスのイメージがつきまとい、ついつい自分に対しても周囲に対しても消極的になってしまって、マイナスの印象を与えてしまうのではないでしょうか。

シニアの皆さんにとって、このマイナスのイメージからまず脱却すること、自ら自分を変えていこうという気持ちが大切だと考えました。

シニアの心構えと覚悟を形に

逆に、シニア世代にはこんな方もおられます。私は仕事でよく利用者さんを病院へお連れすることがあるのです。「足がしびれる」「胸が苦しい・ドキドキする」「頭がふらふらする」――など皆さんいろいろ症状をおっしゃって病院へ行くんですが、先生からは大抵「ああ、お年ですねぇ」と言われしまうのです。そう言われるのはわかっていても、病院へ行くとなぜか安心する。だから病院へ行くのです。そして結局「もう年だから仕方ない。諦めるしかないんだ」と思うようになります。

こうなりますと、「年だからいろいろ具合が悪くなるのは当たり前」「誰かに何かをしてもらっても当たり前」「家族や周りに迷惑をかけても年をとっているのだから当たり前」――。そんなやる気も、希望もないシニアばかりが増えてしまうことになります。

しかしそれではいけないと私は思います。これからのシニアはしっかりとした考え方、心構えを持ってシニア自身が変わっていかないといけないのではないかと考えています。

そしてそのためには、今までに培ってきた智慧や経験を生かして、このままでは少子高齢化によって衰退していくかも知れない日本、その地域や社会のためにシニア世代ができることは何なのか、必ずお役に立てることがあるはずだと、少しの勇気とそして覚悟を持って挑んで欲しいと思っています。

「シニアの知恵袋」をなんと心得るか!?

前述しましたが、少子高齢社会にあって、定年後、リタイアして年金暮らしであるお年寄り、あるいは私たちシニア世代は、なにかと負のイメージを持たれたり、厄介者のように思われがちで、何かと肩身の狭い思いをしているのではないでしょうか。

私は介護を通じて今まで接してきた高齢者の方々が、いかに現役当時にそれぞれの仕事の場で活躍してきたか、それによって素晴らしい経験と智慧をお持ちであるかを知っています。だから、高齢者の方がそういう肩身の狭い思いをされているのであれば、何とかそういう思いを解消できないものかと考えていました。

しかし、それ以上に感じたのは、高齢者の方々のそういった経験と智慧が仕事をリタイアすると、活用されなくなるということです。いわば日本の産業や伝統文化など第一線で培ってきたノウハウや技術。少なくともその一部が途絶えてしまうのです。だから、この日本の技術・産業資産ともいえるものを放っておくことはできませんし、利用しない手はないわけです。

私は、この「シニア世代の皆さんがお持ちの経験や智慧」のことを「シニアの知恵袋」と呼んで、シニアの誇りだけでも若い世代に知ってほしいと思い、これを自然なかたちで利用できる方法はないものかと、いろいろ考えるようになりました。

そして、今、やる気も気力も希望さえも失いがちな高齢者の方々が、自分の生きがいとやりがいを取り戻し、前向きな気持ちになっていただくためにも、この「シニアの知恵袋」的なものが必ず必要になってくると思ったのです。

シニアの皆さんが、「声をかけてくれたら、いくらでも力になるから……」と、「シニアの知恵袋」づくりを自分から進んで参加できるような仕組みができたら、日本の経済・文化もさらに発展し、日本全体が元気になると考えたのです。

〝生涯現役宣言!!〟とは

一般社団法人　ありがとうの設立

どこよりも先に少子高齢社会がやってきた日本。年金・福祉・介護・医療など様々な問題が見えてきた今、このままでは、日本がダメになってしまいます。

だから何とかしなければいけないと、自分一人が国を背負っているようなことを言うつもりは一切ないのですが、何よりも私自身、シニアになった身としても、将来、いつか寝たきりになって辛い老後を過ごさないとも限りません。私はそんな老後を送りたくありませんし、お世話させていただいているお年寄りにもそうなってほしくはないのです。

なんとか、元気なお年寄り・シニアを増せないか。そして、お年寄り・シニア自身が、勇気や希望が持てるような明るく前向きに生きていける、そんな活動はできないかと考えるようになったのです。

こうして、平成27（２０１５）年11月、私は徳島市川内町の事業所内に、「高齢社会において　健康寿命を延ばし　生涯現役人口を増やすことを目的」とする、「一般社団法人　ありがとう」を設立しました。

そして、ここを拠点に、〝元気で前向きなシニア世代の仲間づくり〟の全国展開を模索していったのです。

「一般社団法人　ありがとう」が入る事務所入口

生涯現役宣言!!とは

〝元気で前向きなシニア世代の仲間づくり〟。さて、これを具体的に進めるにはどうすればいいのかと考えた時、私がたどり着いたのが「生涯現役ピンピンコロリ」という考え方だったのです。

この「生涯現役ピンピンコロリ」という言葉、誰もが一度や二度は耳にしたことがあるのではないでしょうか。

ピンピンコロリとは、私たちの永遠（究極）のテーマであり理想そのものです。そして、生涯現役宣言!!の宣言!!とは、私たちにとっては覚悟を意味します。

戦前戦中戦後、そしてあらゆる天変地異と激動の時代を乗り越え、生き抜いてきたシニア世代。私たちは多くの経験を積んだ力強く頼りになる存在として、自信に満ち、元気に明るく、そして、かくしゃくとして、生きていきたいものです。

だから、死ぬ間際までできるだけ長く働き、できれば何らかの収入を得て、寝込むことなく、ピンピンコロリと、逝く（大往生する）……。

一人でも多くの方が、この生涯現役人生を貫く覚悟を決め、周りに迷惑をかけることなく、元気に明るく、そして楽しみながら、みんなで一緒に過ごしていきたい。

そんな生涯現役を貫く仲間づくりを全国に展開し、やがて日本を元気に明るく変えていく起爆剤にしていこう――と、私はそう考えたのです。

歌とダンスで生涯現役宣言!!

一緒に生涯現役を貫く仲間づくりを全国に広げていくためにはどうすればいいのか――。私は、まず、この「生涯現役宣言!!」の考え方をきちんと伝えることが大切だと思い、テーマソングをつくりたいと思うようになりました。

これからの高齢社会のあり方を提案する「一般社団法人 ありがとう」の代表として徳島県内から講演を依頼されるようになった私は、その講演原稿をまとめる傍らで、「生涯現役宣言!!」のテーマソングの作詞にも真剣に取り組みました。

こうして、これからの高齢者、シニア世代の応援歌ともいえる、「生涯現役宣言!!」の歌詞が出来上がったのです。（まさに生涯現役人生を生きるための精神を歌ったものです。本文38～40ページ参照）そして、シンガーソングライターの堀内圭三さんに出会うことができ、何度もお会いして、

「生涯現役宣言!!」の思いを汲み取っていただいたうえで、作曲していただきました。

さて、「生涯現役宣言!!」のテーマソングは出来上がったものの、このまま歌うだけでは、やはりインパクトに欠け、発信力が弱い。何かいいアイデアはないかと考えた結果、この歌にダンスを加えることを思いついたのです。

チームというか合唱団をつくって、「生涯現役宣言!!」を合唱するのも一つの方法ではありますが、どうせ大勢で何かをするのであれば、皆で身体を動かしてダンスをするほうが楽しいに決まっています。しかも、高齢者のダンスチームということになれば注目度も違います。

さらに、ダンスチームのメンバーが全員高齢者で、このダンスを踊れば、元気になり、健康になるという何かストーリーをつければ、チームに参加したいという賛同者も増え、結局、「生涯現役を貫く仲間づくり」につながるのではないか――。と考えたのです。

「Team ありがとう」を結成

「生涯現役宣言!!」の考え方を広めるには、私一人の力では何もできません。私の思いや考え方を理解し、「生涯現役宣言!!」に賛同して一緒になって取り組んでもらえるスタッフが必要になってきました。

当初は、私の個人的なネットワークでスタッフを集めてきましたが、「一般社団法人 ありがとう」を設立した後は、講演会などのオファーもあり、その会場などでも賛同者が得られ、いろいろな面でサポートしていただく方々が増えていきました。

こうして、「生涯現役宣言!!」の歌に振り付けるダンスの考案、制作についても、ダンスをよく知っている人から、ただダンスを踊ってみたいというだけの人まで、スタッフだけでなく様々なサポーターの皆さんの助言などによって完成したものです。

平成29（2017）年5月、「生涯現役宣言!!」の歌とダンスを収録したCDが完成し、地元徳島市でお披露目会を開催しました。この曲を作曲したシンガーソングライターの堀内圭三さんが熱唱する中、そのバックで結成されたばかりの「Team ありがとう」がダンスを披露。地域のお年寄りの方たちからも上々の評価をいただきました。

「Team ありがとう」は、当初この「生涯現役宣言!!」のダンスチームというかたちで結成されたものですが、以降は〝元気で前向きなシニア世代の仲間づくり〟「生涯現役宣言!!」の様々な活動を中心になって進めるメンバーの集まりということにしました。

したがって、私たちの「生涯現役宣言!!」の考えが全国に浸透するということは、全国各地に「Team ありがとう」が誕生するということ。例えば、「Team ありがとう・香川」とか、「Team ありがとう・高知」、あるいは「Team ありがとう・大阪」とか、そういった支部ができるということになります。

歌・ダンスとシニアの知恵袋

「生涯現役宣言!!」の歌とダンスが完成したことによって、よりスムーズに私たちの「生涯現役を貫く仲間づくり」の考え方を理解していただけるようになりました。

そこで、私は、まず、この「生涯現役宣言!!」の歌とダンスを一人でも多くのお年寄り、シニア世代に知っていただけるように、地元紙やラジオ局などマスコミに協力を求めるとともに、徳島県庁など関係団体へも働きかけをしていきました。

その結果、徳島県の福祉関係の団体などから講演依頼や、定期的な出演依頼なども来るようになっていきました。また、「Team ありがとう」のメンバーも徐々に増えていきました。オファーがくると、講演と抱き合わせで、「生涯現役宣言!!」の歌とダンスを披露するわけですが、会場でそれを見てメンバーになるというシニアの方も増えています。

「Team ありがとう」のもう一つの活動は、「シニアの知恵袋」です。シニア世代の皆さんがお持ちの経験や智慧は、本を読んだり、人や物から聞いたり見たりしたことで得られる知識ではありません。この「シニアの知恵袋」をどうすれば生かし、活用できるかも、明るく元気なこれからの日本にとっては、重要な点です。単に記録として残し、次の世代以降に継承するのも方法でしょう。また、人材として現場に派遣するのもありかもしれません。いずれにしても、「Team ありがとう」が一緒になって取り組める何か新しく楽しいものにできればと考えています。

紅白出場、映画化を宣言!!

私は在宅介護の事務所を運営する関係で、「一般社団法人 ありがとう」の事務所もここに置いています。集会スペースにも余裕があるので、週に

1回は何人かメンバーがここに集まって、「生涯現役宣言!!」の歌とダンスの練習を行ったり、情報交換を行います。
また、月に一度、巡礼の駅「聖」で、「生涯現役宣言!!」の歌とダンスのパフォーマンスを行っています。ほかにも、うちで定期的に「生涯現役宣言!!」の歌とダンスを披露してほしいという依頼も増えてきました。

「Team ありがとう」の講習会

シニアの知恵袋については、持ち回り制で、メンバーの中から誰かが壇上に立って、これまで自分が極めてきた仕事や趣味の得意分野を他のメンバーたちに講義してもらう講習会スタイルで行っています。

将来的には、地元徳島から、全国へ。「生涯現役宣言!!」の歌とダンスとともに、この考え方を広めていこうとしているところですが、私は「何事も口に出して強く宣言するとかなう」（１３１ページ参照）ということを信じており、改めて、ここで宣言してみたいと思います。

『ＣＤに続いてこの本が出たら必ず、「Team ありがとう」の名前が全国に知れわたり、ＮＨＫの紅白歌合戦から出演のオファーがきて、「Team ありがとう」は紅白歌合戦に皆で出演することになる。そしてこの「生涯現役宣言!!」は映画になる』と。

生涯現役宣言!!　歌詞

作詞：室谷早智子
作曲：堀内圭三

1.
還暦迎えたその先に　広がる道は二つある
やっとの事で　御隠居さん
いやいやこれから　本領発揮
多くの経験　越えてきた

智慧を活かして世の中に　お返し出来る時が来た
生涯現役目指します

我らシニアの底力
見せてあげます　パラダイス　ピンピンコロリ　ピンピンコロリ
皆様　期待してください
ピンピンコロリ　ピンピンコロリ

2.
人生模様をたぐりよせ　心の中のスクリーン
写し出された　その中に
自分の力は　見つからず
すべては出会いと　お陰さま

感謝の気持ちを世の中に　まだまだこれからひと勝負
生涯現役目指します
我らシニアの知恵袋

使って下さい　遠慮なく　ピンピンコロリ　ピンコロリ
皆様　一緒にその日まで
ピンピンコロリ　ピンコロリ
皆様本当にありがとう
ピンピンコロリでありがとう！

Let's『生涯現役宣言!!』

シンガーソングライター
堀内　圭三さん

私はシンガーソングライターとして、「生かされている命への感謝」をテーマに、京都を中心に活動していますが、高齢者の方が入居しておられる老人福祉施設に歌いに行かせていただくことも多く、本当に様々なシニア層の方と接してきましたが、近年、そうしたシニア層の方にも、気持ちも若く身体も健康で、とても前向きな印象の方と、どこかお身体の調子が

悪く、話されることも否定的な印象を持つ方の、まったく正反対の二通りのシニア層がおられることを感じていました。

今では平均寿命は世界一の長寿国となった日本ですが、内閣府公表の「高齢社会白書」では、２０６０年には男性８４・１９歳、女性９０・９３歳に伸びると予想され、今世紀中には平均寿命は１００歳になるのではないかとも言われています。

平均寿命が着実に伸びていることは、もちろん素晴らしいことですが、同時に、もし60歳で定年退職した後、寿命が90歳だとしたら、その後の30年という長い時間をどのように過ごすかを、すでにそれまでに計画を持って準備していかなかったら、決してHAPPYな期間ではないような気がします。

要するに単なる寿命だけではなく、健康寿命をどこまで伸ばせるかという意識を持つことが大切だと感じていた時、「ピンピンコロリ」という言葉と出合い、そこには「元気に長生きし、病気をせず、コロリと逝くこと」という意味が込められていることを知り、これからの長寿社会にとって一番必要なテーマが、「ピンピンコロリ」だと感じていた時、有賀さんと出会うことができました。

私の友人から、徳島県で訪問介護事業所を経営しておられる方が、「ピンピンコロリ」をテーマにした詞を書かれ、私の「生まれてきてよかった」という曲を聴かれて、是非曲を作ってもらえないかと言ってくださっているとお聞きし、平成28（2016）年10月、大阪で初めて有賀さんとお会いしました。

有賀さんは、訪問介護事業で高齢者の方と毎日接しておられる中で、このままでは、寿命が伸びても、幸せな高齢者はどんどん少なくなっていくと感じられ、今こそ「ピンピンコロリ」そして「生涯現役」で生き抜くことの必要性を熱く語ってくださり、私も日本中のシニア層を幸せにするために、有賀さんとそうした熱いメッセージを込めた曲を作りたいと思い、それから何度もミーティングを重ねて、平成29（２０１７）年に完成した曲が「生涯現役宣言!!」です。

曲調が親しみやすい音頭調なので、タイトルを「生涯現役音頭」にしてもいいですね！　と有賀さんに提案したことがあるんですが、有賀さんは「堀内さん、宣言じゃないとダメなんです！　この曲を聴いてくださった方お一人お一人が、〝私も生涯現役の人生を生ききる！〟と自分自身に対して宣言していただかないとダメなんです！」と強くおっしゃった意味の大切さを、ＣＤが完成し、多くの方が聴いてくださるようになった今、とても感じています。

この曲を聴いて、初めは共感し、本当にそうだな～。まだまだこれからひと勝負、もっともっと元気に頑張っていけたらいいな～。と思ってくださり、是非とも、「よ～し、私もこれから毎日頑張って、絶対に生涯現役でピンピンコロリの人生を生き抜くぞ！」と自分自身に宣言してくださる方の輪が、全国にどんどん広がっていくことこそが、有賀さんと二人でCD『生涯現役宣言!!』を世に送り出した意義だと感じています。

どうか皆さんも、まずは自分自身が生涯現役人生を生ききることを宣言し、そのエネルギー溢れるスピリットを、どんどんまわりの方にも、この曲と皆さんのお姿そのもので「伝播」させていってください。

素晴らしかった人生の後半が、もし病院で寝たきりのような人生の終幕になってしまったら、それはあまりにも悲しいと思いますし、そうではなく、神様からいただいた寿命が尽きるその日まで、元気に生ききり、人生最後の日にも、「本当に素晴らしい人生でした！　これから私はあの世に旅立ちますが、皆さん本当にありがとう！　では元気に行ってきます！」というHAPPY ENDならぬ、HAPPY旅立ちによって、HAPPY LIFEを生きることこそが本当の生き方であることを、これからこの「生涯現役宣言!!」を通じて、全国に有賀さんと共に発信していきます。

人生は後半生が本当の勝負です！
もう一度新たな人生を生きる気概をもって、ともにワクワク頑張っていきましょう！

Let's 生涯現役人生！
Let's ピンピンコロリ！
Let's 生涯現役宣言!!

生涯現役宣言!!

ピンコロダンス・振り付け＆解説

（前奏）

手のひらを顔の前で開いて、前奏が始まるのを待ちます

前奏と同時に左腕を真横に伸ばします

横に伸ばした左腕を元に戻して、今度は右腕を真横に伸ばします

（前奏）

右腕を元に戻し、顔の前でそろった両手のひらをまっすぐ上に 2 回突き上げます

左腕を真横に伸ばします

横に伸ばした左腕を元に戻して、今度は右腕を真横に伸ばします

（前奏）

右腕を元に戻し、顔の前でそろった両手のひらをまっすぐ上に 2 回突き上げます

両手のひらを顔の位置に戻して、今度は左斜め上に両手を伸ばします

両手のひらを顔の位置に戻して、今度は右斜め上に両手を伸ばします

（前奏）

両手を腰に当て、左足を斜め前に出します

左足を元に戻して、今度は右足を斜め前に出します

右足を元に戻して、左手を前から左へ開いていきます

（前奏）

さらに、右手も前から右へ開き、挨拶のポーズをとります

胸元に両手のひらを組んで、グルっと１回右回しします

両手を下から斜め、そして真横に開き、歌が始まるのを待ちます

① 還暦迎えたその先に

両ヒジを前・上・横に、1・2・3・と突き出し、突き上げ、突き広げます

同じことをもう一度繰り返します

広がる道は二つある

左手を腰に、右手を額にかざし、左から右へ、腰・上体をひねっていきます

逆に、右手を腰に、左手を額にかざし、右から左へ、腰・上体をひねります

もう一度左手を腰に、右手を額にかざし、そのまま上体を右に一回しします

やっとの事で　御隠居さん

左手を腰に、右向きになって右手と右脚を大きく右に1歩踏み出します

続けて同じことをもう一度繰り返します　※右へ2歩分移動したことになります

折り曲げた両手を胸に合わせ、ツイストして1歩分左へ戻ります

いやいや　これから

同じことをもう一度繰り返します　※元の場所に戻ったことになります

今度は逆に右手を腰に、左向きになって左手と左脚を大きく左に1歩踏み出します

同じことをもう一度繰り返します　※左へ2歩分移動したことになります

多くの経験

右足で１本立ちして上体を右にひねり、逆に左足で一本立ちして上体を左にひねります

同じことをもう一度繰り返します

本領発揮

折り曲げた両手を胸に合わせ、ツイストして１歩分右へ戻ります

同じことをもう一度繰り返します　※元の場所に戻ったことになります

越えてきた

地面を指さした右手の肘に左手の甲を当て、その指先の方向に前屈します

この状態で徐々に上体を上げていきます

指をさす手がまっすぐ頭上になるまで上げていきます

智慧を活かして世の中に

そのままの姿勢で右手人差し指をこめかみに当てます

この状態で、首を一回右に回します

お返し出来る時が来た

左から前方に向かって1・2・3・4と交互に手のひらで突っ張ります

続いて前方から右に向かって1・2・3・4と手のひらで突っ張ります

生涯現役目指します

両手を腰に当てて、左足を上げてポンと1つ踏み下ろしてしこを踏みます

同じように、今度は右足を上げてポンと1つ踏み下ろしてしこを踏みます

手を顔の前でクロスして、左腕を伸ばして前に、右腕を後ろに伸ばして、見栄のポーズ

我らシニアの底力

左手を左後頭部に、右手を右後頭部に当てます

見せてあげます

両手のぐるぐる回しを顔の前から頭の上に動かします

両手を後頭部から前へ持っていき、頭、肩、腰、ヒザにポンポンと当てていきます

パラダイス

そのまま腰を左にひねって、左に向いた状態でぐるぐる回しをします

胸の前で両手をグーに結んで内側にぐるぐる回します

ぐるぐる回しの手を下ろし、1・2・3・4と左に向かって腕を振ります

ピンピンコロリ　ピンコロリ

正面に腰をひねって、1・2・3・4と交互に腕を振ります

さらに腰を右にひねって、1・2・3・4と右に向かって腕を振ります

皆様　期待してください

振っていた腕を目の高さまで上げて、ぐるぐる回しをします

再びぐるぐる回しの手を下ろし、1・2・3・4と右に向かって腕を振ります

ピンピンコロリ

左に腰をひねって、正面に向かって1・2・3・4と交互に腕を振ります

バンザイした両手を左に曲げると同時に左へ1・2と左足、右足を踏み込みます

その返しで、両手を右に曲げると同時に右へステップを踏み返します

ピンコロリ

さらに、左に両手を振って足を運びます

そして、その返しで右に両手を振って足を戻します

（間奏）

両手を腰に当て、左足を斜め前に出します

左足を元に戻して、今度は右足を斜め前に出します

右足を元に戻して、左手を前から左へ開いていきます

（間奏）

さらに、右手も前から右へ開き、挨拶のポーズをとります

胸元に両手のひらを組んで、グルっと１回右回しします

両手を下から斜め、そして真横に開き、２番の歌が始まるのを待ちます

②人生模様をたぐりよせ

両肘を前・上・横に、1・2・3・と突き出し、突き上げ、突き広げます

同じことをもう一度繰り返します

心の中のスクリーン

左手を腰に、右手を額にかざし、左から右へ腰・上体をひねっていきます

逆に、右手を腰に、左手を額にかざし、右から左へ腰・上体をひねります

もう一度左手を腰に、右手を額にかざし、そのまま上体を右に一回しします

写し出された　その中に

左手を腰に、右向きになって右手と右脚を大きく右に１歩踏み出します

同じことをもう一度繰り返します　※右へ２歩分移動したことになります

折り曲げた両手を胸に合わせ、ツイストして１歩分左へ戻ります

自分の力は　見つからず

同じことをもう一度繰り返します　※元の場所に戻ったことになります

今度は逆に右手を腰に、左向きになって左手と左脚を大きく左に１歩踏み出します

同じことをもう一度繰り返します　※左へ２歩分移動したことになります

すべては出会いと
お陰さま

右足で1本立ちして上体を右にひねり、逆に左足で一本立ちして上体を左にひねります

地面を指さした右手の肘に左手の甲を当て、その指先の方向に前屈します

徐々に上体を上げ、指をさす手がまっすぐ頭上になるまで上げていきます

同じことをもう一度繰り返します

感謝の気持ちを世の中に

そのままの姿勢で右手人差し指をこめかみに当てます

この状態で、首を一回右に回します

まだまだこれからひと勝負

左から前方に向かって 1・2・3・4 と交互に手のひらで突っ張ります

続いて前方から右に向かって 1・2・3・4 と手のひらで突っ張ります

生涯現役目指します

両手を腰に当てて、左足を上げてポンと1つ踏み下ろしてしこを踏みます

同じように、今度は右足を上げてポンと1つ踏み下ろしてしこを踏みます

手を顔の前でクロスして、左腕を伸ばして前に、右腕を後ろに伸ばして、見栄のポーズ

我らシニアの知恵袋

左手を左後頭部に、右手を右後頭部に当てます

両手を後頭部から前へ持っていき、頭、肩、腰、ヒザにポンポンと当てていきます

胸の前で両手をグーに結んで内側にぐるぐる回します

使ってください　遠慮なく

両手のぐるぐる回しを顔の前から頭の上に動かします

ぐるぐる回しの手を下ろし、1・2・3・4と左に向かって腕を振ります

ピンピンコロリ　ピンコロリ

正面に腰をひねって、1・2・3・4と交互に腕を振ります

さらに腰を右にひねって、1・2・3・4と右に向かって腕を振ります

皆様　一緒にその日まで

振っていた腕を目の高さまで上げて、ぐるぐる回しをします

再びぐるぐる回しの手を下ろし、1・2・3・4と右に向かって腕を振ります

ピンピンコロリ　ピンコロリ

その場で手を大きく振って足踏みを数回繰り返します

前で両手を組み合わせ、手のひらが外側に向くように反ります

皆様本当にありがとう

反り返った手のひらを頭の上まで伸ばします

両手をゆっくり下ろしていきます

両手を胸の前でクロスさせます

ピンピンコロリで

右手を下に左手を上にゆっくり突き上げます

逆に左手を下に右手を突き上げ、これを少し速めに３回繰り返します

両手を左に曲げると同時に左へ１・２と左足、右足を踏み込みます

ありがとう！

その返しで、両手を右に曲げると同時に右へステップを踏み返します

さらに、左に両手を振って足を運びます

（後奏）

両手を後頭部に当てた姿勢から始めます

左腕を真横に伸ばします

横に伸ばした左腕を元に戻して、今度は右腕を真横に伸ばします

（後奏）

右腕を元に戻し、顔の前でそろった両手のひらをまっすぐ上に２回突き上げます

（後奏）

右腕を元に戻し、顔の前でそろった両手のひらをまっすぐ上に２回突き上げます

右足を元に戻して、左手を前から左へ開いていきます

左腕を真横に伸ばします（最初の繰り返し）

さらに、右手も前から右へ開き、挨拶のポーズをとります

横に伸ばした左腕を元に戻して、今度は右腕を真横に伸ばします（同）

（後奏）

胸元に両手のひらを組んで、グルっと１回右回しします

両手を前に組んで頭の上までもっていきます

両手をゆっくりと下ろしてお腹に当て、お辞儀をしたら終了です

※「ありがとう」がタイトルになっています

訳：中窪憲子さん

Reflected on the screen in our hearts

Nothing was possible on our own
But only by people that crossed our path

Now is time to stand up and show our thanks to the people around us
We aim to be active for the rest our lives
You'll see how much wisdom we now have
Call on us without hesitation
(pin pin korori pin korori)
Everyone please, join us
(pin pin korori pin korori)

Thank you so much everyone
(pin pin korori)
Arigatou

生涯現役宣言!!　歌詞の英訳文

Arigatou

When we reach the milestone of retirement age
There are two roads waiting for us
We could choose to have a nice and slow easy life
No, no we want an exciting one
We've been through years of experiences

Now is the time to use our wisdom to repay
the people around us
We aim to be active for the rest of our lives
You'll see how much strength we still have
Let us show you our paradise
(pin pin korori pin korori)
Everyone, you can count us
(pin pin korori pin korori)

When we look back on all these years
There are many scenes from the past

2章　シニアの知恵袋さんからのメッセージ

私も「ピンピンコロリ」目指します

徳島県徳島市在住　大正15年生まれ　92才
会社役員　美馬　準一

この度、有賀富子様が『生涯現役宣言!!』という本を出版されるということで、誠におめでとうございます。有賀様はすでに同名の歌とダンスのCDを制作し、高齢者の前向きな生き方を勧めていらっしゃいます。

彼女自身が作詞した歌詞には、彼女の経験に基づく思いが凝縮されています。介護に携わってきた彼女の言葉には現実の重みがあります。死にたくても死ねず、寝たきりのまま長生きしている多くの方を見てこられました。

超高齢化社会を迎えたわが国において、高齢者の生き方が日本を変えると言ってもいいかもしれません。年寄りなので病気になって当たり前、国や家族に養ってもらって当たり前、やることが無くて当たり前、というような受動的な考え方ではなく、今までの人生経験を生かして社会に役に立ちましょう、と提案します。

「生涯現役」という彼女の提案に大変共感いたしました。彼女の活動を通して、高齢者と呼ばれる長い時間を前向きに有意義に生きていこうと思う方が増えることを希望いたします。

私はこの7月22日に92歳を迎えます。6月にはカナダ・トロントへの旅行を予定しています。この年になっても、私の興味関心事は尽きませんが、旅行は長年の趣味の一つであり、気付きやひらめきのきっかけになるので、皆様にもお勧めいたします。

「仲良し二人展」にて

この一年を振り返ってみますと、息子夫婦とのアメリカ西海岸へのドライブ旅行、ロータリークラブの世界大会で再びアメリカ・アトランタへ旅行。そして、友人とのイースター島へのモアイ像の写生旅行、さらに徳島空港からチャーター便があるとのことで台湾旅行、と心のおもむくままに5回も海外旅行に行って参りました。

イースター島旅行中に思いついた個展を帰国後、「仲良し二人展」として開催しました。一緒に旅行した友人と、それぞれが描いたモアイ像を中心に、趣味で描いたスケッチ画の展覧会です。私は一人ひとりの名前と住所を手書きして案内状を200名以上の方に送りました。

90歳という年齢の圧力もあったのでしょう、一日約70名、3日間で250名以上の方がお越しくださいました。毒舌家の友人には「美馬さん、この展覧会は告別式みたいなもんでよ」とのお言葉をいただきましたが、確かにそのようなものであったのかもしれません。人生の時々で深くお付き合いさせていただいた、縁ある方々との再会や懇談が懐かしく楽しい3日間でありました。

私は徳島市国際交流協会の初代会長を務めさせていただいたこともあり、数多く訪れた諸外国の中でも、アメリカ、特に徳島市の姉妹都市であるサギノー市への思い入れには強いものがあります。

もう30年も40年も昔のことになりますが、当時のアメリカ文化、例えばボーリング、スーパーマーケット、洋式トイレなどを見て知って、時代の

お孫さんたちと海外旅行（カナダ）

流行を感じとり、それを事業に生かして参りました。最近ではアップル社のスマートフォンをいち早く購入し、手のひらの中で日経新聞が読めることに感動したものです。

私は、万年青年を自認していますが、92歳という年齢にいつの間にか到達している自分に驚くのと同時に、「春風秋雨是人生」という漢語を思い出します。人間は償却資産のようなものであり、十分に人生は年輪とともに正確に償却され、死に至り終了するものである――。亡き父が私にこうよく話していたことも懐かしく思い出されます。

残念ながら、記憶力と身体能力の衰えにはなかなか抗えず、電話の機能を使うために現在はガラケーに戻っております。

「アメリカ・サギノー市で天ぷら屋さんをしたい」「アメリカでウォシュレットを売りたい」など、夢は尽きません。

戦後、日本という国自体が豊かになり、現在は高齢者だけではなく、若者にもあまり情熱を感じなくなりましたが、年齢を問わず夢は持ち続けたいものです。

最近になって、長生きの秘訣を聞かれることが多くなりました。その度によくよく考えるのですが、これといって秘法らしきものは出てきません。常日頃、よく行動することに尽きると思います。

私は毎日、氏神様である椎宮神社の参詣を含むコースを約40分かけて歩き、ビタミン剤2錠を飲んでいます。そして、今でも複数の新聞に欠かさず目を通し、社会情勢・情報を得ることを常に心がけています。長生きの秘訣と言えば、これくらいでしょうか。

「歩かなければ、歩けなくなる。歩けなくなれば、死なねばならぬ」を口癖に、私は日々の散歩を自分に課しておりますが、それも考えてみれば『生涯現役宣言!!』に通じる考え方ではないでしょうか。皆さん、一緒にピンピンコロリを目指しましょう！

100才時代への挑戦

福岡県在住　昭和19年生まれ　73才
会社役員　外山　良夫

私は先の戦争の終戦の前年、昭和19年生まれの現在73才で、福岡市に住んでおります。現在の超高齢社会の日本に生きる一人でございます。

宮崎県日南市の片田舎で生まれ育ちましたが、私が小さい頃の日本の田舎は、ほとんどがそうであったと思いますが、家庭にはラジオもなく、電話もなく、もちろんテレビもなかった。現在の高度に発達した日本社会に生きる若い人たちには想像もできない、それはそれは、困窮した貧しい時代でありました。
その貧しい日本が、我々、ベビーブーム世代を中心にして、すべての「日本国民の頑張り」で、「あれよあれよ」という間に、世界第2位の「経済大国」まで登り詰めました。
今は、日本国民全員が世界で稀にみる「文化的な生活」を享受している昨今でございます。

企業戦士という言葉まで生み出した戦後生まれのベビーブーマーの世代の方々を中心に、生来、持っている「日本人特有の勤勉さ」を発揮し、焦土と化した「焼け跡」から立ち上がり、今日の「経済大国」になりました。まさに、「奇跡の復興」という言葉がぴったりの「日本人の勤勉さ」でありました。

その第一次ベビーブーマーの皆さんが今や「65才以上」になり、全人口の4分の1、約3000万人を超えております。
「医学の進歩」「食生活の改善」などにより、「平均寿命」が終戦時、昭和20（1945）年は男性51才、女性53才であったものが、戦後70年を経過した現在、男性81才、女性87才となり、寿命が30年も伸びております。

日本は地球上、どこの国も経験したことのない「超高齢社会」に入ったのでありますが、今後、まだまだ「平均寿命」は伸びると予想されていますが。ただし、①介護を必要としないこと②寝たきりになっていないこと、つまり、「健康な生活を送る期間」といわれる「健康寿命」は、男性72・14才、女性74・79才といわれます（平成28年厚生労働省発表）。

我々は、自分自身が「健康寿命」でせっかく我々の手で築き上げた「100才時代」を生き抜くことを前提にして、元気なうちに「人生、もう一花」の「備え」をしておく必要がございます。

今私は、その「人生、もう一花」に取り組んでいます。日本には世界にない「風呂の文化」というものがございます。私は現在、73才ですが、「100才時代」に挑戦するために「家庭の風呂」を生かして、「わが家のお風呂が日本一の単純温泉になる」という、健康には欠かすことのできない、最高・最適の「湯治」を、温泉地に行かなくても家庭で堪能できる商品があることを知り、それを愛用しています。そして、その効用にすっかりとりこになり、今、その普及に邁進しているところです。

出版記念パーティであいさつする外山氏

現在の西洋医学は、150年前の明治維新からで、それ以前は病気はすべて「各家庭で対応する」のが普通でありました。「医者」とか「病院」の制度がなかったからです。

日本は有史以来、明治維新まで、１８６７年間、病気の治療は家庭で対応した東洋医学で、その中心は「温泉治療」（湯治）が主流だったのであります。

毎日、「風呂」に入る習慣のある日本人は、日本古来の「治療法」である「湯治」を毎日、家庭で堪能できるということであります。体を温めるということは血流が良くなり、適正体温をキープでき、人間の生存には欠かすことのできない「健康維持」の前提条件です。

これで、私の「１００才時代挑戦」は万事整ったというわけではありません。食生活など気を付けることは山ほどあります。ただ、私の場合は、この「家庭のお風呂（湯治）」で「１００才時代挑戦」の「健康」と「人生もう一花」についてはほぼクリアしたのではないかと考えております。

この『生涯現役宣言!!』の本を手に取って読んでおられる皆さん、あるいは「Teamありがとう」のメンバーになろうと思われているシニアの皆さん、ぜひ、それぞれ皆さんの「100才時代に挑戦」され、生涯現役でぜひともこの超高齢社会を乗り切っていただきたいと思います。

一緒に〝生涯現役宣言!!〟しましょう!

徳島市在住　昭和21年生まれ　71才
会社役員　中窪　憲子

高齢化が急速に進む日本。私もその高齢者の一人です。今年の運転免許証の更新には、高齢者講習の受講が義務付けられています。気持ちは十年前とそれほど変わらないつもりでいますが、身体のほうはそうはいきません。できるだけ長く現状維持を保とうと、バランスのとれた食事、適度な運動、規則正しい生活を心掛けているところです。

畑や庭仕事、散歩、読書など静かに過ごす時間も楽しんでいますが、それより､外に出掛けて仲間と集い、おしゃべりをし､笑ったり歌ったり､踊ったりして元気に楽しく過ごす時間のほうが、「生涯現役ピンピンコロリ人生」の実現には効果があるそうです。

私は代表の有賀富子の姉です。若いころアメリカ人と結婚しそのままアメリカで暮らしていたのですが、子供も大きくなって孫もできた頃、今から30年前、地元徳島に帰ってきました。

今、97才になる母と一緒に暮らしています。認知症が進んできており、いつも見守りが必要なのですが、スーパーへの買い物やレストランへも一緒に出掛けることができ、デイサービスへも喜んで行ってくれます。ほとんどのことが自分でできます。その姿を自分の将来の姿と重ねてみて、できることなら認知症にならずに、母のように年をとりたいものだと願っています。

さて、3年前の「一般社団法人 ありがとう」の設立に先駆け、その5年ほど前に「訪問介護事業所ハートフル」が設立されました。その時から、妹である代表が仕事に精力的に取り組みながらも、ライフワークとなる何かを手探りで求めていたことを知っていました。

家族旅行（バリ島）

そして、昨年、「生涯現役宣言!!」のCDの発売と、ピンコロダンスの発表があり、これが「Team ありがとう」の活動の始まりとなりました。代表（有賀富子）の人となりを一言で言うなら、台風の目、いや台風そのものだと言いたいほどです。彼女が持っているエネルギーは底知れないものがあり、周りの人々を強引に巻き込んでいきます。若い頃は熱しやすく冷めやすい面もあったように思いますが、この生涯現役・ピンピンコロリという生き方をライフワークにすると決めてからというものは、熱が冷めることは一切なくなりました。この「生涯現役」という生き方を全国に広げたいという強い思いから、次々とアイデアが生まれ、それをすぐに実行に移すという行動力には、冷めるどころか、さらに強い情熱が感じられます。

「考えているだけではダメ！　何事も口に出して言わなければ実現などしない！」というのが彼女の口癖です。私の記憶の限りでは（それほど大したことではなかったかもしれませんが）、彼女が一度口に出して言ったことは、ほぼ現実になっているような気がします。だから、そのように彼女が大言壮語的に言って、周りの人から笑われても、相手にされなくても、それほど気にせず前だけを見ていたような気がします。

今回、代表が「『生涯現役宣言‼』の歌とダンスを引っさげて、『Teamありがとう』が紅白歌合戦に出場する」と言っているのも、決して夢じゃない。そればかりか、私たちシニアが大きな声で「生涯現役宣言‼」をすれば、日本が元気になり国の財政を立て直すことができるかもしれません。

日本に家族が集まって初詣（大麻彦神社）

　私たちシニア世代が生きてきた人生は、人それぞれです。できれば、これからは好きなこと、やりたいこと、得意なことに挑戦してみる時だと思います。昨年、そのチャンスが私にもやってきました。「生涯現役宣言‼」の歌詞の英訳（70～71ページ参照）を頼まれたのです。

　初めてのことでとても苦労しましたが、私のアメリカ生活20年という経験がここで役立つのならと思い挑戦してみました。結果、出来栄えはともかく、英語という私の得意な面を生かして、世の中に恩返しできるのだと感じることができました。どなたにもそういった面はあるはずです。それを何か一つでも二つでも三つでも見つけて前へ前へ進めたらいいですね。

「Team ありがとう」は、私たちシニア世代の人々の集まりです。仲間と集い、笑い・歌い・踊って、この元気の輪を日本中に、そして世界へ広めていきましょう。大勢の皆さんの参加をお待ちしています。

生涯現役宣言!!（シニア世代が日本を変える）

徳島県在住　昭和22年生まれ　71才
吉野川に生きる会　代表理事　島勝　伸一

平成19年60才を迎えるにあたり、私は「第二の人生をどう生きるか」と考えた。十二支を5回繰り返したら振り出しに戻るといわれる還暦を迎え、「老齢」という第二の人生を送るという東洋の知恵である。それは、第一の人生とは質の違った年月を送ることに気付かせてくれる。

私はこの第二の人生を、今の仕事は後継者に任せ、新しい仕事で地域に役立とうと思った。

そこで、まず、地域の勉強から始めようと、川島商工会主催のシニア勉強会に3年連続で参加し、様々な講習を受講した。この中で、各地を視察し、吉野川流域が他の地域に比べ、いかに恵まれた地域であるかということが分かった。

例えば、四万十川流域であれば、かの有名な清流があり、沈下橋、各種地域物産など情報はいっぱい出てくる。ところが、実際に行って、見て、ビックリ。狭い川幅と水量、沈下橋も短い。生産物は杉と栗など少数。違いは、何もないところから新聞でつくった紙バッグなど、工夫を重ねて、たくさんのお土産物をつくってお客様を愉しませる、少し大げさに発信するなど、その工夫と努力はすばらしい。

それに比べ吉野川にあるものは潜水橋といって普通にある景色。しか

地元の御田植え祭にて

し、橋の長さは沈下橋の２倍以上の３００ｍとか５００ｍ、橋を渡る白装束のお遍路さんにも風情がある。川幅は河口で１・３㎞、中流でも１㎞。水質は全国最良10河川のうちの一つ（ちなみに高知県では仁淀川）であり、最大水量は日本一。日本の河川のうち東西に82㎞ほぼ直線の川は皆無である。

　また、高低差がわずか70ｍの緩やかな流れ、日照時間が長く、四国山脈の豊かな土壌が堆積した吉野川流域。この農業には最適条件の下、工業社会になる以前は全国で最も豊かな地であった（明治25年の全国長者番付上位に徳島県関係者がずらり並んでいる）。

そういったところから、昔読んだ「古事記」「邪馬台国は阿波だった（昭和51年発行）」を思い出し、本棚から探し出して再読した。

そこには、倭国（魏志倭人伝では邪馬臺国）の成り立ちはイザナギ命とイザナミ命が結婚し、16人目の子供として五穀の女神「オオゲツヒメ」を生み阿波国の神としたとある。イザナミ命は17人目の火之迦具土神を生んだ後、病気になり、24人目の豊受比賣（伊勢神宮外宮の祭祀）を最後として亡くなり、「黄泉の国（延喜式神名帳に全国唯一のイザナミ神社が阿波国麻植郡と美馬郡の境高越山にあり、山頂にイザナミ命の五角形石積み墳墓がある）」に葬られた。イザナギ命は嘆き悲しみ、イザナミ命を黄泉の国へ追っていき、見てはいけないイザナミ命の死体を見たことで、黄泉の国から追われ、逃げおおせた阿南市橘湾で禊ぎをした。

左目を洗った時、天照大御神、右目から月讀命、鼻からスサノオ命が生まれたと書かれている。

このように、古事記の物語はすべて、阿波の山あり川あり海あり、湿潤温暖な自然、農業に最適な高天原（高原でなおかつ水が豊富で農林業が可能）と出雲（平野と海、川に接している）の大地で繰り広げられた物語であることを確認した。

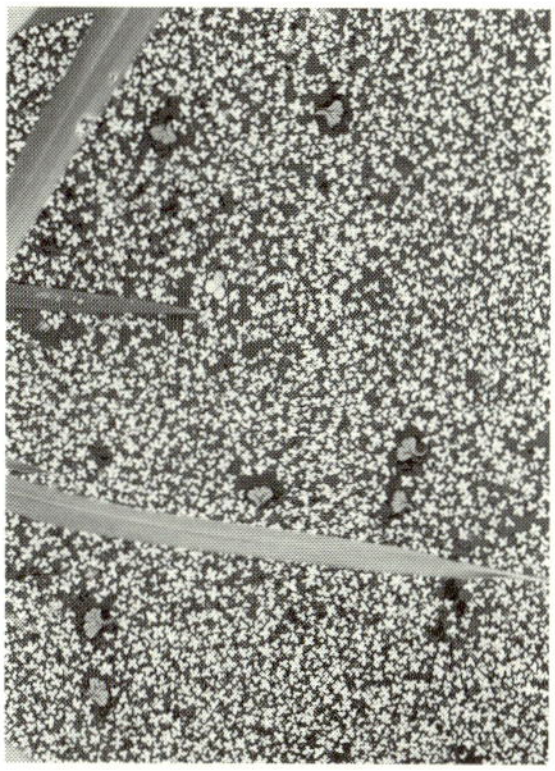
絶滅危惧種のイチョウゴケ

ということで、私の第二の人生は、この恵まれた大地で一次産業を基盤として、加工業の二次産業と協働し、雄大で日本最古の歴史文化を活用した観光産業で地域おこしをしようという目標を立てた。平成22年、勉強仲間と「ＮＰＯ法人吉野川に生きる会」を結成し、目標達成のため活動を始める。

農業は、大地を穢さない木村式自然栽培で、お米や野菜、果物をつくっている。加工二次産業は、お米から日本酒、焼酎、甘酒、芋から干し芋や焼酎、小麦や大豆から味噌、醤油をつくって、仲間の自然栽培の店で販売している（自然食品の店ぱんぷきん 電話０８８－６５３－３３３０）。無農薬・無肥料の自然栽培農産物はアトピーが出ないなど身体への負担が少ない。農薬・肥料を使うということは、少しでもたくさん収穫しようと、大地や作物に無理を強いていることだと思う。

二千数百年前、イヤもっと前、人類（ヒト）が誕生して以来、ヒトは大自然の恵みの範囲で生きてきた。大自然が何億年と大気中の炭素を植物の形で地中に閉じ込め、代わりに酸素を20％も生んだおかげで、大気中で呼吸ができる動物が生まれ、進化し、ヒトが生まれた。しかし、それに気付かないヒトが地中から掘出した化石燃料を燃やし、CO_2を生み、そのエネルギーで大地や水・大気をはじめ、自然環境を壊している。難しいかもしれないが、もういい加減、このことに気付き、大自然の法則の中で生きていくようにしたいものだ。

川島城の菜の花フェスタ

あれから10年、70才の誕生日を数か月後に控えた時、東京の田中太郎さんから野田一夫先生の90才記念講演会のお誘いを受けた。

いただいた命をどう生きるか。生まれたからには、何か一つはやらなければならない使命があると思っていたところに、誕生日が同じで矍鑠とした青年のごとき20年先輩の話を聞き、最低でも90才までは現役を続けようと決心した。

そして、そこへまた、室谷早智子さんの作詞した「生涯現役宣言!!」に出合い、これまた、大賛成。この歌でＮＨＫ紅白歌合戦に出場できるように頑張ろう！　とエールをお送りした。

この奇跡のようにいただいた命を、どのように使い、どのように役立てるか――。特別な才能があるわけでもない私は、時間がかかってもいいから、コツコツと行動し、一つでも大自然のお役に立つことをやっていきたいと思っている。

国や地方を元気にする起爆剤として期待

徳島県在住　昭和15年生まれ　77才
徳島県シルバー大学校徳島校ＯＢ会　会長　脇川　弘

人様の笑顔は値千金

去年、県政報告会の余興で「Team ありがとう」による健康体操があった。「生涯現役宣言!!」の音楽に合わせてダンスをするのだが、興味深い歌詞と軽妙なしぐさが楽しく、参加者全員で踊りの輪に入った。その代表の有賀富子さんが今度、カナリアコミュニケーションズから「生涯現役宣言!!」を出版することになり、何故か小生に投稿の依頼がきた。

おそらく、現役をリタイアしているのにもかかわらず、毎日が忙しい小生を見ての頼みと思われるが、代表のシニア世代への熱意に感服し、承諾することにした。

とりあえず小生のリタイア後の活動状況を報告しようと思う。

現役時代

退職して、今年で満10年になる。地元の鉄工所で橋梁技術者として約40年働いた。オーナーが橋に興味を持っていたこともあり、大学で橋を勉強していた小生に入社の声がかかったのだ。その後、橋梁の売り上げは順調に伸びて、気がつくと全国に名前が通った橋梁会社になった。

二度目の仕事

62歳の時、会社での健康診断で致命的なデータが出た。ヘモグロビンA1cが138（正常値が5・0以下）という最悪の事態である。この頃は確かに気分が優れず、調子の悪い日々が続いていたと思う。当時は高度成長時代であり、身体に構わず向こう見ずに働いてきたツケがきたのだろう。

「命あっての物種」と思い退職を決意した時に、オーナーから子会社設立の打診があった。

専門の橋梁について講義する脇川氏

一旦は固辞したが、社長の一言が退職の決意を揺るがすことになり、引き受けることにした。そのときの殺し文句が「君はこれまで全国に二千有余の橋をつくってきたが、その可愛い橋が死んでしまうぞ。補修専門の会社をつくらないか」だった。

県知事の建設業許可（5年毎更新）を取得し5年間の約束で引き受け、身体のケアと経営との両立に努めた。新会社は、公共事業に逆風が吹く中、苦しみながらも5年連続黒字。オーナーとの約束通り丁度5年で後進に道を譲ることにした。最悪の身体のデータも会社を設立して、9か月目には6・5（糖尿病予備軍）にまで下がっていた。これはウォーキングを習慣化した結果で、後年には日本ウォーキング協会公認の指導員の資格を取得する動機になった。

自治会長とシルバー大学校

退職して年金生活になると、待っていたように自治会（207軒）の会長がまわってきた。以前から余生はボランティアで生きがいをと決めていたので、快く引き受けることにした。

30年の歴史を持つ団地にしては、コミュニティーの希薄なことに驚いた。そこで、少々強引ではあったが、会長の権限で「ふれあいの会」と「ウォーキングクラブ」を結成した。両方とも毎月1回開催しており、今日まで10年続いている。

この年、両立が難しいと思われたが、家内の勧めでシルバー大学校に入学し、見識を深めることにした。

多方面のボランティア活動

ここまでくると、「ボランティアは足元から」で始めたものの、民生児童委員、国保審議委員、選挙立会人、という地元の活動だけでなく、県の総合大学校から「とくしま学博士」の認定を受けて、シルバー大学校の講師や県外の県人会での講演とスケジュールが満杯となった。

日本ウォーキング協会から取得した指導員の資格は、徳島県が企画する県民企画講座

お仲間の皆さんとお四国参り

で「とくしま学博士によるウォーキング教室」を開設し、糖尿病による死亡率全国一位の汚名返上に役立てている。

シルバー大学校徳島校のＯＢ会

徳島県のシルバー大学校の歴史は古く、今年の入学生が38期生で、徳島校のＯＢ会員は１０００名近くまで増えて、年間に11回の講演会、４回の研修旅行、２回の映画会、１回の文化祭と多彩な行事を実施して、地域のリーダー養成に一役買っている。小生は会長として、今年度からこれらの行事を円滑に進めるべく、指揮をとることになった。

おわりに

小生のこれからの活動は、すべてボランティアであり、いくらの報酬も期待できない。しかし、首尾よく運んだ際には大勢の人々の笑顔があり、それが自分の唯一の喜びであり、報酬だ。

やり方は違っていても、「Team ありがとう」の最終目標は小生のそれと同じであると思われる。

「生涯現役宣言!!」が国や地方を元気にする起爆剤となることに期待したい。

「生涯現役宣言!!」出版に寄せて

徳島県徳島市在住　87才
会社役員　高橋　康生

企画力、意志力、実行力

室谷（有賀）さんとの出会いは、田宮の陸上運動公園の周辺だったと思います。私は毎朝のように、そこでラジオ体操をしていて、その仲間から紹介されました。第一印象は「きれい、気安い、しっかり者」とでもしておきましょうか。その後、周辺有志のコーヒー会でもお会いするようになりましたが、私の印象はそのまま。それに「仕事熱心」という項目が追加されました。

現に、彼女の「一般社団法人 ありがとう」の創立一周年記念パーティにも出掛けましたが、親譲りのきれいなお嬢さん、英語ペラペラのお姉様ほか、あか抜けのしたスタッフによる見事な進行ぶりには感心してしまいました。

また、去年の5月22日には、徳島新聞に大きく彼女の写真が掲載されました。「生涯現役宣言!!」(ピンピンコロリ　ピンコロリ)のテーマをリズミカルな小唄にして発表したとのこと。しかも、その作詞までしていたのですね。その多才ぶりには、脱帽脱帽です。

さらに一年後、今度は書籍を出版して全国的に、いや国際的に「生涯現役のすすめ」をPRするとのこと。冒頭の私の印象は、「斬新な企画力と、継続する意志力と、卓抜した実行力の持ち主」へと変わっていきました。

「Teamありがとう」のネーミング

「ありがとう」という言葉。私は好きです。例えば、レストランへ行って席に着く。早速水が出されます。そんな時でも、私は「ありがとう」と言います。（それは海外旅行で学んだものですが……）

その語源は、江戸時代の初期に来日したポルトガル人がよく使った「オブリガード」が転じたものだという説がありますが、何はともあれ、この言葉はどこで使われようが、やたら使われようが、人間関係が良くこそなれ、悪くなる気遣いはいりません。室谷（有賀）さん、自信をもって使ってください。

生涯現役は、自分のため、国のため

私は87才。身をもって健康管理に注意して生活しています。お陰で病気とは無縁でしたが、最近、狭心症のカテ・オペ手術を体験しました。高度な医学の進歩で、簡単に完治しましたし、健康保険のお陰で、少しの負担で済みましたが、国には大きな負担を掛けてしまいました。

イベントなどで時には通訳もされる高橋氏

この時、感じました。生涯現役の理念が浸透しますと、個人だけでなく、国としてのメリットも大きいのですね。

その普及は難しいからこそ、期待するのです！

生涯現役の理念は、正しくて大きいものですが、いざ実行するとなると、至難の業のように思われます。しかし、最も大事なことは、上手なＰＲです。誰の頭でも理解できるような、誰の目にも止まるような、シンプルな方法で、感動を訴えてください。

室谷（有賀）さん。若さと、才能と、実行力を駆使して頑張ってください。何よりも誰よりも期待しております。

「Team ありがとう」
メンバーの皆さんからのメッセージ（徳島編）

ありがとう

早寝 早起き
畑仕事！
MOTOMACHI COFFEE
100まで
元気に
カラオケだ!!
美しく老いる
明るい言葉を
どんどん出しましょう
吹矢で
気に
ガンバルゾ
まだまだ
これから

ありがとう

海外
旅行

"日本のお城
100選"
いつまでも元気に
歩いてガンばるよ〜!

残りの人生
人の為に、どれだけ
役に立てるか。
75才

あ
り
が
と
う

3章　「ありがとう」の起源・その他

「ありがとう」の起源

すべては〝ありがとう〟から始まった！

私がシニア世代を元気づけ、活躍できるようにつくった「一般社団法人ありがとう」の社名、そして、その活動を中心になって進める「Team ありがとう」の名前には、いずれも〝ありがとう〟という言葉を使っています。この名前を付けたのは二つの理由があってのことです。

一つは、私がここまでたどり着くまでには、まわりの人たちに様々な形でお世話になり、それに対するお礼、感謝の気持ちを表したかったからです。

一度、これをしようと決めたら、何が何でもやりぬいてしまう、諦めるという選択肢がない私は、周りの人たちをびっくりさせたり、あきれさせたり、心配させたりと、本当にご迷惑をおかけしました。

それでも周りの皆さんは協力を惜しまず、無条件にやりたいことをさせていただきました。私は本当に日本一の幸せな人間だと心から感謝し、「ありがとう」と言いたかったのです。

さらに、私の名前の有賀富子（ありがとうこ）はペンネームですが、これも「ありがとう」という言葉の響きが好きなばかりにつけたものです。私はこの言葉が子供の頃から好きで、「ありがとう」と言った人も、言われた人も幸せにする、まるで呪文のような言葉に惹かれ、いつか何かそういったチャンスがあれば必ずこの名前にしたいと考えていたからです。

本書『生涯現役宣言!!』のキーワードともいえる、「ありがとう」。語源など、興味深い内容が言葉の背景にはたくさん詰まっているようです。この際、様々な角度からこの言葉のパワー、不思議な魅力について探ってみました。

ありがとうの起源

「ありがとう」を辞書で引くと、「自分以外の対象に対して感謝やお礼の意思を伝える言葉である」と出てきます。

誰かに何かしてもらった時、感謝の気持ちを込めて、「ありがとう」と言います。「ありがとう」と言われて、いやな気持ちになる人はおそらくいないのではないでしょうか。

「ありがとう」を漢字で書くと「有難う」になります。「有る」ことが「難しい」ということで、「有難い」「有難し」ということですが、これがなぜ感謝するという意味になるのでしょう。

「有難い」「有難し」の語源を探っていくと、なんと、お釈迦さまのたとえ話にたどり着きます。

盲亀浮木のたとえ

仏説譬喩経の中に「盲亀浮木のたとえ」というお釈迦さまと弟子のたとえ話があります。

お釈迦さまがある日、弟子に、

「あなたは人間に生まれたことをどのように思っているのか」

と尋ねました。

弟子は、

「大変喜んでおります」

と答えると、

お釈迦さまは、

「果てしなく広がる海の底に、目の見えない亀がいる。その盲目の亀が、百年に一度、海面に顔を出してくる。広い広い大海原に、一本の丸太ん棒が浮いている。丸太ん棒の真ん中には小さな穴が開いているとしよう。その丸太ん棒は、風の波間に東へ行ったり西へ行ったり、南へ北へと漂っている。そんな丸太ん棒の穴に、百年に一度しか浮かび上がらない、この盲目の亀が、浮かび上がった拍子に、スルンと頭を入れることがあるか」

と、尋ねました。弟子は驚いて、

「お釈迦さま、そんなことは到底考えられません」

と言うと、お釈迦さまは、

「絶対にないと、言い切れるか」

と念を押しました。すると、弟子は
「何億年×何億年、何兆年×何兆年の間には、ひょっとして頭を入れることがあるかもしれません。しかし、そんなことはないといってもいいくらい、難しいことです」

と言いました。ところが、お釈迦さまは、こう言ったのです。

「私たちが人間に生まれるということは、この亀が、丸太ん棒の穴に首を入れることが有るよりも、難しいことなのだ。有難いことなんだよ」

と、教えたといわれます。

ちなみに、アリの数は1京（1兆の1万倍）といわれます。生物の中で最も種類が多いといわれる昆虫の種類は約80万種類もあり、数にすると百京にも上ります。人間の数（人口）は70億人ですが、百億と上乗せしても、昆虫の数はその1億倍になる計算です。また、動物の種類は120万種類ともいわれ、全生命の総数ということになりますと、もう、計り知れないといわざるを得ません。

つまり、虫や鳥や動物ではなく人間に生まれることは、それほど難しいこと、めったにないこと、だから、「有難い」というわけです。「親や親戚ならともかく、他人から何かをしてもらうということは、めったにないことなんだよ。有難いことなんだよ」ということから、「有難い」、そして「有難う（ありがとう）」となったということです。

世界の「ありがとう」の語源

◆英語 Thank you

英語で「ありがとう」は、もちろんサンキュー（thank you）です。あなたに（you）感謝する（thank）というわけですが、サンク（thank）はシンク（think）「考える・思う」に通じる同じ語源でもありますから、「あなたのことを思っていますよ」「あなたがしてくれたことを忘れていませんよ」という感じになります。

◆ドイツ語 Danke

ドイツ語の「ありがとう」は、ご存知のとおり、ダンケ（danke）です。ドイツ語は英語と同じインド・ヨーロッパ語族のゲルマン語派で、「ありがとう」の語源も英語と同じ関係からきています。

ということで、「ありがとう」を意味するダンケン（danken）も、デンケン（denken：考える）と語源が同じになります。

◆フランス語 Merci

フランス語の「ありがとう」はメルシー（merci）です。メルシーは英語の「慈悲」を意味するマーシー（mercy）と同じ語源です。

◆イタリア語 Grazie

イタリア語の「ありがとう」はグラーツィエ（grazie）です。語源はラテン語のgratia。これも「恩恵」の意味。英語の恩恵（グレイス・grace）の語源でもあります。有名な歌「アメイジンググレイス」のグレイスです。

◆スペイン語 Gracias

スペイン語で「ありがとう」はグラシアス（gracias）です。これもイタリア語と同じで語源はラテン語のgratia「恩恵」の意味からきています。

◆中国語　謝謝

中国語で「ありがとう」はシェシェ（謝謝）です。シェシェ（謝謝）には「すみません」という意味も含まれているようです。何かしてもらったら「ありがとう」で、その前なら、「すみません」という感じで使われます。日本語でも「謝」は「感謝の「謝」でもあり、「謝（あやま）る」の「謝」でもあるわけで、両方の意味で使わているのと同じ感じです。

◆韓国語　캄사함니다

韓国語（ハングル）の「ありがとう」は、カムサ（캄사）「感謝」ハムニダ（함니다）「します」です。「感謝（カンシャ）」と「カムサ」は発音からして大変よく似ています。実際に、「カムサ」は「感謝」という漢字をハングル書きした言葉です（漢字をハングル書きした言葉を漢字語とい

います）。漢字語はハングル文字が開発される前から中国大陸から伝わり、使われていたそうです。

その他

健康を保つ秘訣・ＮＨＫテレビから

私が最近、たまたま見たテレビの中に、ＮＨＫの「ためしてガッテン！」という番組があります。健康番組ですので、皆さんご存知だと思います。この番組が、私たちにとって大変興味深い内容について放送をしていたのです。一つは、「人に親切にすることで炎症が治まる」こと、もう一つは、「人とのつながりが寝たきりを予防する」という内容でした。

我らシニアが健康になること、寝たきりにならずにピンピンコロリを目指す私たちにとっては、朗報です。少しご紹介してみます。

人に親切にすると炎症が治まる

米国・カルフォルニア大学の研究によりますと、人に親切にすることで、体の中での炎症を抑える効果があるというのです。血液中の免疫細胞が病原菌などをやっつけるために炎症を引き起こしますが、その炎症が長く続くと筋肉や血管などにダメージを与えるそうです。

そのため、筋肉が衰えたり動脈硬化が進み、脳卒中や心筋梗塞などの病気を引き起こし、寝たきりになってしまうのだという話です。

ところが、「人に親切にする」という行動を1日3回したグループは、「自分がうれしいことをする」グループなどに比べ、体内の炎症が起こらなかったのです。なぜそのようなことになったのか。カルフォルニア大学の担当教授によると、これは「人と協調し合うことでしか生き延びることができなかった人類の進化の過程があったため、と説明しています。

「人とのつながり」が寝たきりを防ぐ

さらにアメリカの研究によって分かったこととして、「人とのつながり」が長生きの秘訣だとしています。番組では、日本に住むお年寄りご夫婦を取材、運動好きのご主人と運動は苦手で社交的な奥様。意外にも、毎日運動を欠かさないご主人のほうが寝たきりのリスクが高いと判断されてしまいました。人と会っておしゃべりをすること、「人とのつながりの大切さ」は、いろいろな研究者の間でもいわれていたことですが、改めてここで証明されました。

人と会い、人とおしゃべりをすることで、脳も活性化し、認知症予防にもつながるとしています。「生涯現役宣言‼」の私たちの活動は、まさにこの「人とのつながり」そのものといえます。

何事も口に出して強く宣言するとかなう

私は普段から実現したいことを口に出して言うことにしています。それまでもそうであったように、私が何か口に出して言うと、それが何故か実現してしまう、本当にそうなってしまうということが、よくあったからです。

それで、最近は『我々「Team ありがとう」がＮＨＫの紅白歌合戦に出場し、「生涯現役宣言!!」が映画になる』などと、傍目も気にすることなくそう言うことにしているのです。

身近にいる娘であったり、姉などはそれを聞いて、「ああ、また始まったか！」と、とくに驚いたりはしません。ところが、私をあまり知らない人がそれを聞くと、「なんという大言壮語な言い方。ビッグマウスな人なのか！」と、やはり反発を食らったり、引かれてしまうこともあります。

私が、そんな誤解を恐れず、大胆なことを言うのは、繰り返しになりますが、「何事も口に出して強く宣言するとかなう」ということを経験して、そして実感しているからです。

日本には古くから「言霊（ことだま）」という考え方があって、私はその存在を信じています。言霊とは、デジタル大辞泉によると、「古代日本で、言葉に宿っていると信じられていた不思議な力。発した言葉どおりの結果を現す力があるとされた」と書かれています。つまり、「言霊」とは「口に出した言葉が現実になる」という意味なのです。言葉にはそんな力があるのです。

だから、「Team ありがとう」のメンバーになるには、「生涯現役宣言!!」をしていただきますが、その際にも、覚悟を決めて、大きな声で「ピンピンコロリ、生涯現役人生を貫きます」と、宣言していただくのです。

ピンピンコロリの起源

デジタル大辞泉によると、「ピンピンコロリ」とは、生きているうちは元気に暮らし、寿命の尽きた時に患うことなくコロリと死にたいという願いを表す言葉。ローマ字表記の頭文字からＰＰＫと略す。対義語として、寝たきりで長く生きることを「ネンネンコロリ」ＮＮＫという――とあります。

昭和54（１９７９）年、長野県高森町で高齢者の健康維持運動の標語（スローガン）としてつくられたのが始まりといわれています。その後全国に広がっていったようです。

あとがき

徳島には阿波踊りという夏の大きなお祭りがあります。私は子供の頃からこの阿波踊りのお囃子「よしこの」のリズムを聞くと、血が騒ぎ、居ても立ってもいられず、踊りに出かけたものです。「Team ありがとう」の活動は、それと同じなのです。シニアの置かれた状況とか、高齢化という問題を考えると、その時と同じように、血が騒いで何とかしなければいけない、何もしないではいられない、そんな思いで私はこの活動を続けています。

シニア世代へのメッセージソング、「生涯現役宣言‼」の歌とダンス、そして、その考えを講演会などによって全国に広める私たち「Team ありがとう」の活動は、ここ徳島から全国へ向けて始まったばかりです。

これからも「生涯現役・ピンピンコロリ」で前を向いて、アクティブに活動してまいります。どうぞ、一人でも多くのシニアの皆さんが「Team ありがとう」の活動に参加していただけますよう、心からお待ちしております。

最後に、本書の出版をアドバイスいただいた株式会社ブレインワークスの近藤昇社長、企画の近下さくら様、株式会社カナリアコミュニケーションズの編集担当宮部直樹様に感謝しお礼申し上げます。さらに、「Team ありがとう」のメンバーであり、本書にご投稿いただいた、美馬準一様、外山良夫様、中窪憲子様、島勝伸一様、脇川弘様、高橋康生様に感謝いたします。ありがとうございました。

「Team ありがとう」への参加・お問合せ先
電　話　088（624）7511
FAX　088（624）7206

著者プロフィール

有賀富子（ありがとうこ）
1949年徳島県生まれ。徳島市川内町で訪問介護の事業所を経営。介護の仕事に携わる中、「Teamありがとう」を結成。「シニア世代が元気になると、日本も元気になる」として、歌とダンスで「生涯現役宣言‼」の精神を徳島から全国へ発信している。
有限会社ハートフル・ファミリー 代表取締役。
一般社団法人 ありがとう 代表。

※右のQRコードにスマホをかざすと、生涯現役宣言!!の動画(歌とダンス)がご覧になれます！

生涯現役宣言‼　シニア世代が日本を変える

2018年8月1日〔初版第1刷発行〕

著　　者　有賀富子
発 行 者　佐々木紀行
発 行 所　株式会社カナリアコミュニケーションズ
〒141-0031 東京都品川区西五反田6-2-7 ウエストサイド五反田ビル3 F
TEL 03-5436-9701　FAX 03-3491-9699
http://www.canaria-book.com
印 刷 所　本郷印刷株式会社
装　　丁　田辺智子デザイン室
D T P　宮部直樹

ISBN978-4-7782-0439-6 C0036

カナリアコミュニケーションズの書籍のご案内

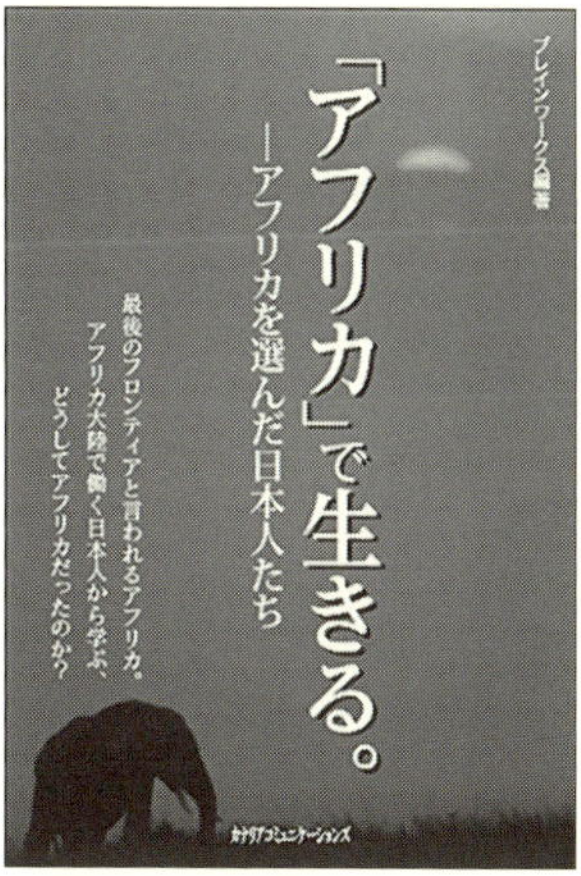

2017 年 4 月 20 日発刊
価格 2000 円（税別）
ISBN978-4-7782-0380-1

「アフリカ」で生きる。
―アフリカを選んだ日本人たち

ブレインワークス　編著

最後のフロンティアと言われるアフリカ。アフリカ大陸で働く日本人から学ぶ、どうしてアフリカだったのか？

青年海外協力隊、ＮＰＯ活動、ＮＧＯ活動、ボランティア活動、起業、ビジネスなどで様々な日本人が遠く離れた、まさしく日本の裏側、アフリカ大陸での生活はどんなもの？　貧困や感染症は？　アフリカのど真ん中でお寿司屋さん？　宅配便ビジネス？　日本人がタイ料理レストラン？　イメージ通りのアフリカと知らなかったアフリカがここにあります。

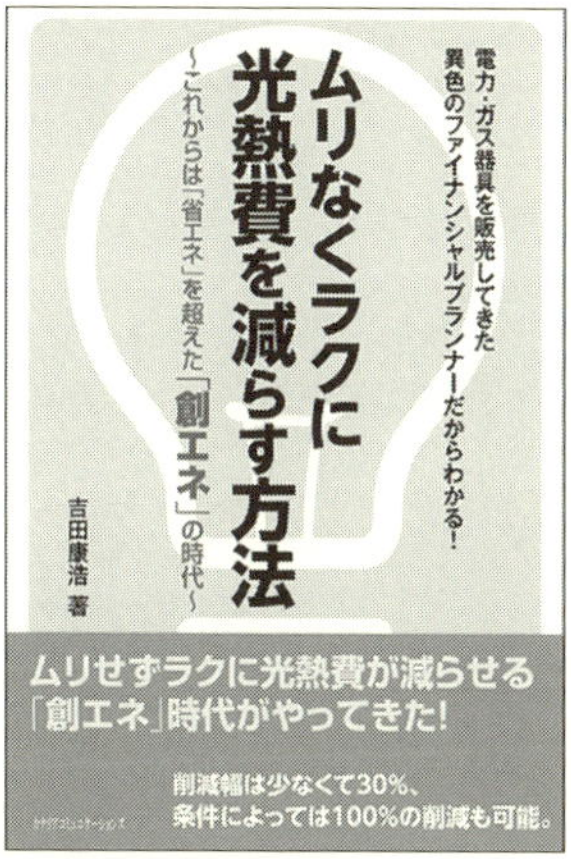

2018 年 4 月 29 日発刊
価格 1300 円（税別）
ISBN978-4-7782-0429-7

ムリなくラクに光熱費を減らす方法

吉田　康浩　著

ムリせずラクに光熱費が減らせる「創エネ」時代がやってきた。

電力・ガスを販売してきた
異色のファイナンシャルプランナーだからできる！
ムリなくラクに光熱費を減らせる方法。
削減幅は少なくて 30%、条件によっては 100%の削減も可能。
～これからは「省エネ」を超えた「創エネ」の時代～

カナリアコミュニケーションズの書籍のご案内

2018 年 2 月 10 日発刊
価格 1300 円（税別）
ISBN978-4-7782-0414-3

もし、フネさんが 70 人集まったら？
わたしたち、まだまだこれからよっ!!
ブレインワークス　編著

「生涯現役」を合言葉に、光輝高齢者の輝く道をご紹介。

激動の時代をくぐり抜け、戦後の日本を支えてきた 70 人のフネさんたち。
70 通りの人生模様は、愛と涙と笑いのエネルギーが盛りだくさん！

フネさんたちは、パワフルウーマン！
生涯現役で「感謝」の気持ちを胸に抱き、これからも元気をみんなに届けてくれる。

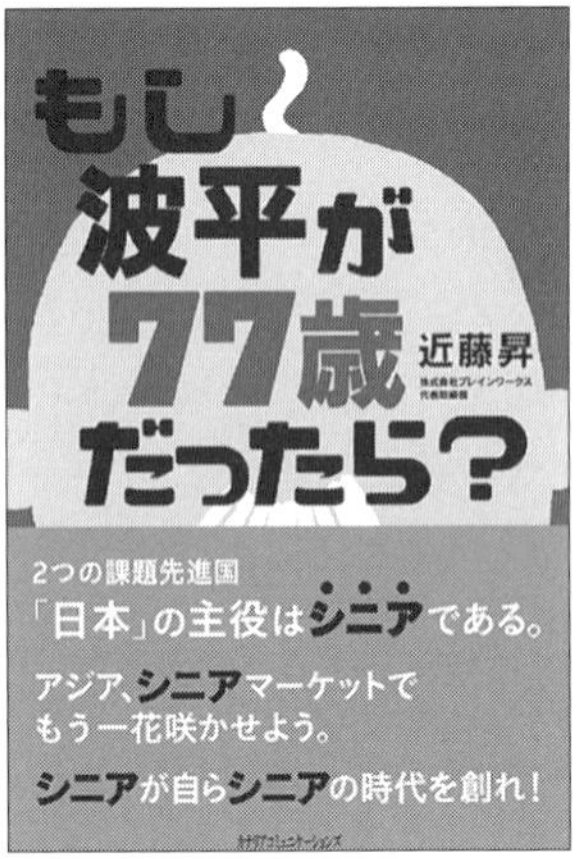

2015 年 12 月 20 日発刊
価格 1400 円（税別）
ISBN978-4-7782-0318-4

もし波平が 77 歳だったら？
近藤 昇 著

2 つの課題先進国「日本」の主役はシニアである。
アジア、シニアマーケットでもう一花咲かせよう。シニアが自らシニアの時代を創れ！

カナリアコミュニケーションズの書籍のご案内

2018年4月25日発刊
価格1300円（税別）
ISBN 978-4-7782-0423-5

自分で動ける喜び！

元気で長生きプロジェクト　著

１人でも多くの人に「自分で動ける喜び」を！

いくら年をとっても、家族に迷惑だけはかけたくないもの。

いくつになっても、自分の体は自分で動かしたいものです。

自分の足で買い物に行けること、自分の手で料理や縫い物ができること、自分の歯で食事ができること、そんな何気ない日常が、実はかけがえのない幸福な日々だということを、多くの高齢者たちが語っています。

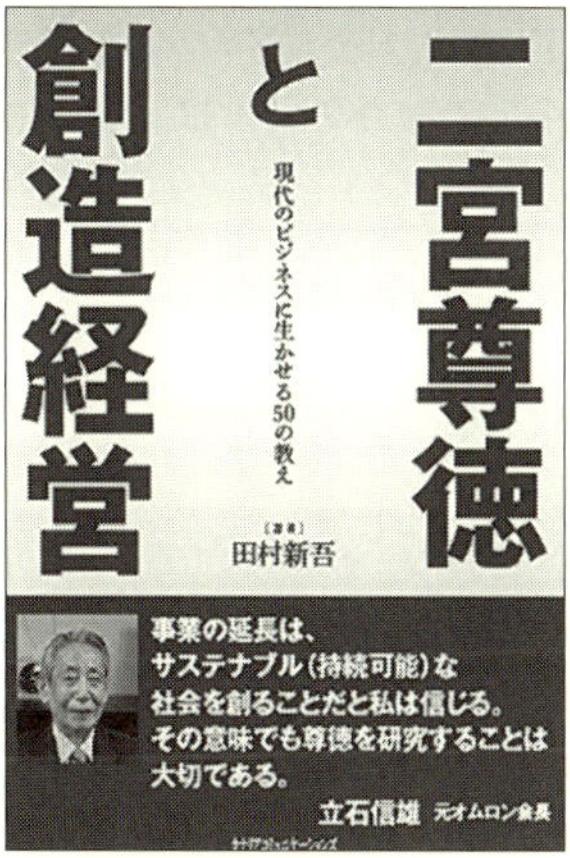

2015年5月25日発刊
価格1300円（税別）
ISBN-978-4-7782-0304-7

新二宮尊徳と創造経営

田村 新吾 著

21世紀に入って、国内外で政治、経済などが混乱しはじめている。その混乱の解決策を示したのが本書「二宮尊徳と創造経営」である。


二宮尊徳の教訓は、机上の学問から得たものではなく、現場で生まれた実践哲学であるので、現代の我々にも通じ、また今後の指針ともなり、多くの経営者へと受け継がれている。

変革期を乗り切る秘策がこの１冊にあり。

カナリアコミュニケーションズの書籍のご案内

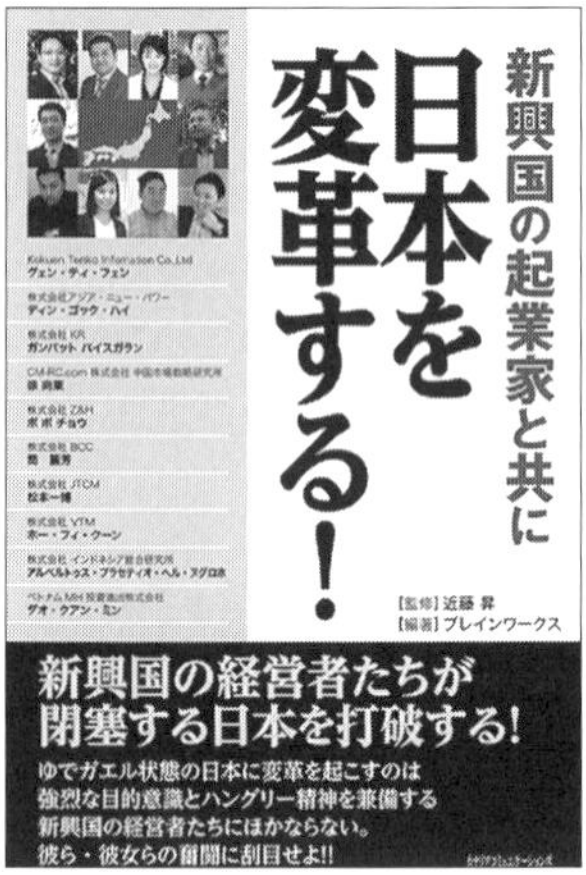

2018 年 3 月 26 日発刊
価格 1300 円（税別）
ISBN978-4-7782-0417-4

新興国の起業家と共に
日本を変革する！
ブレインワークス　編著

新興国の経営者たちが閉塞する日本を打破する！

ゆでがえる状態の日本に変革を起こすのは強烈な目的意識とハングリー精神を兼備する
新興国の経営者たちにほかならない。
彼ら・彼女らの奮闘に刮目せよ！！

商売の原点は新興国にあり！
新興国の起業家と共に日本の未来を拓け！！

2017 年 2 月 20 日発刊
価格 1300 円（税別）
ISBN978-4-7782-0377-1

もし、77 歳以上の波平が 77 人集まったら？　私たちは、生涯現役！
ブレインワークス　編著

私たちは、生涯現役！
シニアが元気になれば、日本はもっと元気になる！

現役で、事業、起業、ボランティア、ＮＰＯなど各業界で活躍されている 77 歳以上の現役シニアをご紹介！
「日本」の主役の座は、シニアです！
77 人のそれぞれの波平が日本の未来を明るくします。シニアの活動から、日本の今と未来が見える！